Lieselotte von Eltz-Hoffmann

Hildegard von Bingen

Kräuterbüchlein für Leib und Seele

Quell

ISBN 3-7918-2480-5

© Quell Verlag, Stuttgart 1996
Printed in Germany · Alle Rechte vorbehalten
Umschlagbild: Mittelalterlicher Kräutergarten,
ein Arzt beim Auswählen der Heilkräuter.
Buchmalerei, um 1400.
Illustration zu dem »Roman de la Rose«.
Foto: Archiv für Kunst und Geschichte, Berlin
Umschlaggestaltung: Klaus Dempel, Stuttgart
Gesamtherstellung: Maisch & Queck, Gerlingen

Inhalt

Die ganze Schöpfung
ist ein Loblied Gottes.

Vorwort

*Hildegard von Bingen, die vielgerühmte
Äbtissin vom Rupertsberg, Seherin und Sängerin,
Heilkundige und Mystikerin, versuchte wie kaum ein
anderer Mensch ihres Jahrhunderts, dem Geheimnis
des Lebens nahezukommen, das sich ihr als schöpferische
Kraft von elementarer Gewalt enthüllte. In immer neuen,
großartigen Bildern und Deutungen verweist sie in ihren
Schriften auf jene unbesiegbare Macht, die alles Lebendige
hervorbringt. Auch der Mensch, wie alle Kreatur, ist Teil
dieser Schöpfung und aufs engste mit ihr verbunden.
In ihr, als der Vollendung aller göttlichen Werke, spiegelt
sich gleichsam das Universum.*

*Die Natur in ihrer Fülle und Vielfalt ist für
Hildegard von Bingen Abbild und Gleichnis allen Daseins.
Da man jedes Wachsen und Werden der Natur (als einer
»Pflanzung« im ursprünglichen Sinne) am sprießenden
Grün erkennen kann, nennt sie diese alles Leben
spendende Macht die »Grünkraft«. In ihrer Darstellung
verbindet sie Sichtbares und Unsichtbares, Natürliches
und Übernatürliches, denn dieses Grün zeigt sich nicht
nur als äußere Erscheinung in Gras und Blatt, Kraut*

9

und Baum, sondern auch als innere Wirkkraft, die alles
hervorbringt, alles durchzieht und alles vollendet,
als die Lebenskraft selbst. Da äußere Gestalt und inneres
Wesen, Leib und Seele eine Einheit bilden und einander
bedingen, wird sie auch im Menschen zum Antrieb
allen Schaffens.

Aus der weltumfassenden Sicht der Seherin
verläuft das gesamte Leben in großen Rhythmen, und alle
irdische Kreatur samt dem Menschen ist dem unentwegten
Wandel und der Veränderlichkeit unterworfen. Es ist das
zeitlose Gesetz der Natur vom Werden und Vergehen, das
sie in ihren Bildern voll Poesie und dichterischer Schönheit
beschwört. Die Erscheinungen der Natur wie das Auf-
und Abnehmen des Mondes, das Wachsen und Welken
der Pflanzen, die Gezeiten des Jahres im Wechsel von
Sommer und Winter, die Wiederkehr von Tag und Nacht,
Sonnenschein und Regen werden ihr zum Sinnbild allen
Lebens. Diese Wellenbewegung vollzieht sich auch in der
menschlichen Natur, im Wachen und Schlafen, Arbeiten
und Ruhen. Das Leibliche und Irdische wird in seiner
Schilderung gleichsam ins Symbolische erhoben. So heißt
auch ihre Natur- und Heilkundeschrift in wörtlicher
Übersetzung »Das Buch vom inneren Wesen der
verschiedenen Naturen der Geschöpfe«.

*Als unermüdliche und genaue Beobachterin von
Pflanzen, Tieren und Menschen weiß sie auch um die
unerschöpflichen Heilkräfte der Natur und kennt die
Bedürfnisse der Menschen in gesunden und kranken
Tagen. Immer aber dient ihre Heilkunde dem Heil des
Leibes und der Seele, denn »die Seele ist die grüne
Lebensfrische des Fleisches«. Erst in unseren Tagen ist
diese ganzheitliche Sicht des Menschen und die enge
Beziehung von Körper und Seele wieder aufgegriffen und
verstanden worden. In diesem Zusammenhang wurde
auch die »Medizin« der Hildegard von Bingen wieder
entdeckt, und manches davon fand in gewandelter Form
Eingang in die moderne Naturheilkunde.*

*Jede irdische Erscheinung aber weist für Hildegard
gleichsam »mit Fingern« auf eine andere Dimension des
Seins, und alle Schönheit bedeutet das Hereinleuchten
einer transzendenten Welt. Alles Leben erfüllt sich im
Geheimnis des Fruchtbringens und offenbart ein Ewiges,
das durch keinen Wandel zerstört werden kann.*

*Darin liegt auch der Grund für Hildegards Wissen
um die Verwandtschaft und Verbundenheit mit allen
Geschöpfen, für ihr Mitleben und Mitleiden mit allem
Lebendigen. Daher lautet die Parole ihrer alles Dasein
umfassenden Ethik: »Pflege das Leben bis zum*

Äußersten!« Liebe als Urkraft und Gesetz als Kosmos wird
damit zur Aufgabe des verantwortlichen Menschen.

Gottes Gegenwart in der Schöpfung, jenes
Wunder des lebendigen Keimens und Wachsens, jener
Garten mit seinen Früchten, an dem »Gott seine Augen
weidet«, wird so auch zur Augenweide für den staunenden
Menschen, der im Buch der Natur liest und sie als etwas
Zeichenhaftes erlebt und versteht.

Lieselotte von Eltz-Hoffmann

Die Grünkraft des Lebens

O edelstes Grün,
das wurzelt in der Sonne
und leuchtet in klarer Heiterkeit,
im Rund eines kreisenden Rades,
umarmt von der Kraft
himmlischer Geheimnisse
rötest du wie das Morgenlicht
und flammst wie der Sonne Glut.
Du Grün
bist umschlossen von Liebe.

»Basilicum curatum«, aus dem sogenannten
Hausbuch der Cerruti, Ende 14. Jahrhundert

In der Morgenfrühe, wenn die Sonne bei ihrem
Aufgang sich machtvoll erhebt, um ihren Lauf
anzutreten, steht auch das Grün in seiner größten
Kraft, weil die Luft bis dahin noch feucht ist,
die Sonne aber schon wärmt.
Dann trinken die Gräser dieses Grün
wie ein Lamm seine Milch saugt.
Dieses Grün entstammt den Elementen.
Es lebt in der Flamme, schillert in den Gewässern,
feuchtet im Stein und weht in der Luft.
Es ist die Kraft alles Lebens.

Wie wunderbar ist doch das Wissen
im Herzen der Gottheit,
das urewig jedes Geschöpf erschaut!
Denn Gott, da er blickte ins Antlitz des Menschen,
den er gebildet, er sah all sein Werk insgesamt
in dieser Menschengestalt.

Aus lichtem Grün sind Himmel und Erde geschaffen
und all die Schönheit der Welt. Die Erde trägt das
Grünen wie auch alle Keimkraft in sich. So hat sie
auch den Menschen hervorgebracht und ernährt ihn
in allen Belangen, die sein Körper braucht.

Der reife und wache Mensch ist ein blühender
Garten, an dem Gott seine Augen weidet.
Der Mensch ist sein Ergötzen, weil er in seiner
Kreatürlichkeit im Verein mit aller Kreatur handelt
und diese Kreatur ist lauter Lobpreis.

Der Mensch ist der Spiegel des Universums und
die ganze Fülle der Natur. Durch die Seele göttlich,
durch den Leib irdisch, ist er das volle Werk Gottes.

17

Urkraft der Ewigkeit!
Aller Dinge Ordnung
ersannest du
und riefest sie ins Sein.

Wie ist so wundersam
im Herzen Gottes
das Wissen – das urewige –
um jede Kreatur!
Wie ist so wundersam
der Hauch, der also
den Menschen erweckte!

»Melongiana – Eierpflanze«

Die Gräslein können den Acker nicht begreifen, aus
dem sie sprießen. Denn sie haben nicht Sinn und
Verstand und kennen weder ihr eigenes Wesen
noch ihre Wirkung.
Und doch schmücken sie den Acker
mit der Anmut ihrer Fruchtbarkeit.
Mücke und Ameise vermögen nicht die Kraft und
den Sinn der anderen großen Tiere zu verstehen.
Wieviel weniger kannst du erkennen, was das
Wesen Gottes ist. Wie du mit sterblichem Blick die
Gottheit nicht anzuschauen vermagst, so kannst du
auch ihre Geheimnisse mit sterblichem Sinn nicht
erfassen.

Durch Gottes Ruf
ist alles ins Leben gerufen.
Durch ihn ist alles, was lebt,
die Pflanzen, Fische und Vögel,
und der Mensch könnte
ohne die Kreatur um ihn
gar nicht bestehen.

Leib und Seele

Leib und Seele gehören zusammen
wie Mann und Frau,
wie Himmlisches und Irdisches,
Erde und Wasser,
Sonne und Mond,
Vögel in der Luft,
Brot im Ofen
und die Wabe im Honig;
sie sind wie Herrin und Magd
oder wie Hausvater und Hauswesen.
Immerfort baut die Seele
am Turm ihrer Leiblichkeit
und freudig verwirklicht sie sich
in ihrem Leib.
So sind Fleisch und Leben
und das Leben im Fleische eins.
Die Seele ist die grüne Lebensfrische
des Leibes.

Wie das Morgenrot das Tageslicht ankündigt, so
offenbart die Seele ihre Kräfte, denn sie ist es, die
dem Menschen den Lebenshauch eingibt und ihn
dadurch mit lebendigem Antlitz herrlich begabt.
An ihm wird er als Mensch erkannt, mit den Augen
sieht er, mit den Ohren hört er, mit den Händen
tastet und mit den Füßen wandelt er. Aber der Sinn
ist im Innern des Menschen wie ein reicher Schatz in
versiegeltem Gefäß, und in seinem Anblick erkennt
man das Wirken der Seele.

Die Seele ist geistiger Atem aus Gott.
Sie durchströmt den ganzen Leib des Menschen
und gibt ihm die Impulse
zum schöpferischen Tun des Menschen
für alle seine Werke.
In der Seele ist der Mensch geistig.
Er vollendet sie im Klang seiner Worte.

Die Seele ist das Firmament des gesamten Organismus. Indem sie den Leib mit ihren Kräften durchdringt, bewirkt sie alles Handeln des Menschen. Der Mensch aber, der Gutes wirkt, gleicht einem Obstgarten, der von köstlichen Früchten voll ist. Er ist der Erde gleich, die mit Steinen und Gräsern, Kräutern und Bäumen geschmückt ist.

Die Seele macht den Leib lebendig. Sie ist es auch, die Speise und Trank dem Körper zur Erquickung zuführt. Durch sie gedeiht der Mensch in allen Fasern seines Leibes und hält ihn aufrecht. Sie selbst ist nicht Fleisch und Blut, aber macht beide lebendig. So besteht der Mensch überall als Leiblichkeit. Das ist sein Wesen.

»Ozimum citratum – Basilicum«

Die Seele ist wie ein Wind,
der über die Kräuter weht,
und wie der Tau,
der auf die Gräser träufelt,
und wie die Regenluft,
die wachsen macht.
Genauso ströme der Mensch
ein Wohlwollen aus auf alle,
die da Sehnsucht tragen.
Ein Wind sei er,
der den Elenden hilft,
ein Tau,
indem er die Vergessenen tröstet,
und Regenluft,
indem er die Ermatteten aufrichtet.
Mit seiner Lehre
mache er die Hungernden satt,
indem er ihnen seine Seele schenkt.

Das Gesetz der Natur

Wie ein Baum in seinen ersten Kräften zart ist, dann
die Frucht ansetzt und sie endlich zum Genuß
ausreift, so entfaltet auch die Seele ihre Kräfte. In der
Kindheit zeigt sie sich voll Einfalt, in der Jugend voll
Kraft und in der Lebensmitte enthüllt sie ihre
stärksten Kräfte. Wie aber der Saft des Baumes sich
beim Herannahen des Winters zusammenzieht, die
Blätter abfallen und die Äste kahl werden, so treten
auch die Kräfte der Seele im Alter des Menschen
zurück.

Im Anfang schuf Gott Himmel und Erde.
Das ist so zu verstehen:
Im Anfang, das ist im Beginn aller Dinge,
die so im Wissen Gottes lebten,
wie sie entstehen sollten,
schuf Gott Himmel und Erde,
indem Er sie durch sich selbst hervorgehen ließ.

Jede Kreatur unter der Sonne
ist der Veränderlichkeit unterworfen:
die Winde wehen,
dann lassen sie wieder nach;
es leuchten die Sterne,
doch bald erblaßt wieder ihr Feuer;
einmal schwellen die Wasser an,
dann ebben sie wieder ab;
heute grünen die Bäume
und morgen dorren sie dahin.
Auch der Mensch nimmt Nahrung zu sich
und hat sie bald wieder verzehrt;
einmal wächst in ihm das Blut
und einmal vermindert es sich wieder.
Genau so ist der Mond:
heute im Wachsen,
morgen im Abnehmen;
und nach diesem Gesetz ist auch der Mensch
ein Wesen der Veränderlichkeit.
Jede Kreatur,
die den Elementar-Gesetzen untersteht,
kennt ein Entstehen und Vergehen.
Wenn die Elemente in Ausübung ihrer Funktion
sich günstig erweisen, bringen sie Fruchtbarkeit.

Wenn sie aber sich sammeln,
ziehen sie diese ab.
So stößt auch der Mensch seinen Atemzug aus,
will er nicht verkümmern,
und zieht ihn wieder ein
zu belebender Ruhe.
All dies gilt in gleicher Weise
für das Leben der Seele.

Mitten in der Schöpfung
ruht die blühende Erde,
die Heimat des Menschen
und sein schöpferischer Lebenskreis.
Im Jahresablauf der Natur
und durch den Reigen der Monate
gestaltet der Mensch
Tag für Tag seinen Lebenskreis.

Wie Gott die ganze Natur im Menschen
abgebildet hat, so sind ihm auch die Gezeiten des
Jahres zugeordnet. Der Sommer gibt einen Hinweis
auf den wachen Menschen, der Winter auf seinen
Schlaf. Wie der Winter in seinem Schoß verbirgt,
was dann der Sommer mit Freuden hervorbringt,
so wird auch der Mensch im Schlummer gekräftigt,
damit er nachher befähigt ist, mit wachen Kräften
sein Werk zu vollbringen. Auch die Monate haben
im Leben des Menschen ihre Entsprechung und sind
in ihrer Beschaffenheit und mit ihren Grundkräften
der Natur des Menschen angepaßt.

Im ersten Monat erhebt die Sonne sich wieder. Doch
zeigt er sich kalt und feucht, scheidet die wertlosen
Säfte aus und verwandelt das Wasser in weißen
Schnee. Wie die Sonne im Ansteigen begriffen ist, so
wirkt auch die Seele im frühen Lebensalter der
Kindheit voll Freude und zeigt sich noch ohne
Dunkel in ihrem reinen Glanz.

Der zweite Monat geht seiner Natur nach auf
Reinigung aus. Die Lebenskraft des Menschen
wächst und ist wie der Saft, der im Baume aufsteigt,
um später die Früchte gedeihen zu lassen.

Der dritte Monat kommt mit einem wilden
Wirbel auf, doch setzt er die Keime der Erde in
Bewegung. So wird auch der Organismus des
Menschen auf der Höhe seiner Jugend in Bewegung
gehalten und steht in einer Auseinandersetzung mit
den erwachenden Kräften seiner Natur. In dieser
Sturmzeit seines Lebens ist der Mensch noch nicht
zur vollen Harmonie seines Wesens herangereift.

Der vierte Monat ist voller Lebensgrüne und
duftendem Wohlgeruch. In seinem Wechsel von
Sonne und Regen gleicht er dem Atem des
Menschen, der die Luft einzieht und sie wieder
entläßt. Nun beginnt alles zu sprießen und zu
grünen, und wenn es auch Unwetter gibt, so können
doch die wachsenden Früchte der Erde nicht mehr
zum Verdorren gebracht werden.

»Ver – Frühling«

Der fünfte Monat ist lieblich, leicht und
herrlich in allen Dingen. Er ist der Träger köstlichen
Duftes der Blüten und macht des Menschen Herz
so froh, weil in ihm schon alle Früchte der Erde ans
Licht dringen. Und gleich der Erde, die durch den
Pflug umgeworfen, sich im Keimen und Blühen als
fruchtbar erweist, so wird auch der Mensch zum
Wirken angetrieben.

Der sechste Monat bringt mit seiner Hitze
Trockenheit. Doch um des guten Gedeihens willen
mildert er seine Natur mit einem sanften Hauch, der
die Früchte heranreifen läßt, und bisweilen sendet er
auch Regenfluten aus. Er weist den Menschen darauf
hin, sich der Arbeit zu unterziehen und mit allen
Kräften sein Werk dem Ziele zuzuführen. Zuweilen
sehnt er sich unter des Tages Last nach Ruhe und
hält inne, wie wenn ein Vogel vor Ermüdung seine
Flügel lockert, und wie die Wurzel ihre Zweige hält.

Der siebente Monat brennt in voller
Sonnenglut und hat gewaltige Kräfte in sich.
Er läßt die Früchte der Erde reifen und trocknet sie.
Mit seinem jähen Wechsel von Dürre und
Regengüssen ist er voll Leidenschaft. Auf ähnlich
kraftvoller Bahn wandelt auch der Mensch, von
mancherlei Kräften bewegt. Er sammelt alle
grünende Lebensfrische, und wie dieser Monat
alle Früchte der Erde vollkommen macht,
so vollendet auch er sein Werk.

Der achte Monat kommt in voller Kraft herauf,
einem Fürsten gleich, und es strahlt die Freude aus
ihm. Obgleich er dahinbrennt in sengender Sonne,
zieht er jedoch schon, der Feuchtigkeit wegen, den
Tau nach sich. So hat auch der Mensch von innen
heraus seine Heiterkeit, und wie dieser Monat
sowohl die Sonnenglut als auch den kühlen Tau in
sich trägt, vermag er zu unterscheiden, was ihm
zuträglich oder schädlich ist. Mit solchem Wissen
schreitet er kraftvoll voran, gute Werke zu sammeln,
und baut, einem Künstler gleich, sein Haus, in dem
er sein ganzes Wesen zum Ausdruck bringt.

Der neunte Monat ist Reifezeit. Keine Gewitter
verzerren mehr sein Antlitz. Allen wertlosen Saft
nimmt er von den Früchten, damit sie gut zu
genießen seien. Wie in einem Sack trägt er sie
sicher durch die Zeit. Der Mensch aber erkennt, was
zum Verzehren tauglich ist. So schreitet er zur Ernte
und nimmt erst jetzt die Früchte zu sich, damit er
nicht durch ihre Unreife unpäßlich werde. Dieser
Monat mahnt den Menschen zur Geduld, die alle
Werke in maßvoller Mitte, gleichsam in ihrer vollen
Reife hält.

Der zehnte Monat eilt nicht mehr in der Vollkraft
grünender Lebensfrische dahin und hat nicht mehr
die volle Lebenswärme. Dafür schmückt er farbig
das Geäst der Bäume mit buntem Laub, bis die
Zweige infolge der Trockenheit und Kälte entlaubt
werden. Das weist darauf hin, daß der Mensch in
der Reife des Alters weiser wird, und die Seele,
welche die Weisheit selber ist, belehrt ihn,
daß er festhalten soll, was von Gott kommt.

Der elfte Monat kommt gebückt. Er baut
die Kälte auf, und keine Sommerfreuden hat er
aufzuweisen. Er bringt die Schwermut des Winters.
Die Kälte bricht aus ihm heraus und fällt über die
Erde. Schwach wird auch der alternde Mensch, und
die Fröhlichkeit seiner Jugend ist von ihm gewichen.
Alle Glut ist erloschen. Dann seufzt die Seele in
ihrem Gefäß, dem Körper, auf wie ein Wind, der
durchs Haus bläst und mit seinem Wehen durch
Türen und Fensteröffnungen jagt.

Der zwölfte Monat bringt bittere Kälte. Die
Erde wird hart und friert. Winter bedeckt das Land
mit Schnee und macht es beschwerlich. Wie die
Lebenskraft des Greises schwindet und sein Körper
ohne Wärme ist, so ermattet auch die Seele und
verliert ihre Glut. In solcher Verhärtung kann der
Mensch kein schöpferisches Werk mehr vollbringen,
bis zuletzt die Seele ihr Gewand abstreift.

Gott sah,
daß alles, was Er gemacht hatte,
recht und gut zu seinem Dienst eingesetzt war.
Durch Sein lebendiges Wort befahl Er,
daß die mütterliche Erde
zu Wuchs und Blüte der Kräuter aufgrüne
und schöpferischen Samen trage.
Sie sollte sich mehren in ihrem Samen,
durch den sie wiederum neugeboren wird,
da aller Keim seinen eigenen Samen in sich trägt,
damit er in seiner Natur nicht dahinschwinde.

Gott aber ist
weder Anfang noch Ende.
Daher ist die ganze
himmlische Harmonie
ein Spiegel der Gottheit,
und der Mensch
ist der Spiegel
aller Wunder Gottes.

Die vier Elemente

Der Mensch hat seinen Bestand
aus vier Elementen, die sich in ihm
miteinander verbinden.
Feuer und Luft sind geistlicher Natur,
Wasser und Erde sind fleischlicher Art.
Aus Erde ist er gestaltet
und durch den Geisthauch der Seele belebt.
Vom Wasser wird er befeuchtet
und vom Feuer durchglüht.

Mit meinen Flügeln umfliege ich den Erdkreis,
denn ich habe ihn mit Weisheit geordnet.
Ich, das feurige Leben der Gottwesenheit,
flamme über die Schönheit der Felder.
Ich leuchte in den Wassern,
brenne in der Sonne, im Mond
und in den Sternen.
Und mit luftigem Wind – gleichsam wie
mit unsichtbarem Atem, der alles enthält –
erwecke ich alles zu gewaltigem Leben.

Aus den Quellen des Lebens entspringen die Wasser,
die alle Unlauterkeit abwaschen.

Die Wasser mit ihrer Fließkraft reinigen alles,
heiligen alles, halten alles zusammen,
spenden jeder Kreatur Feuchtigkeit
und kräftigen sie.
Mehr als alle anderen Elemente
ist das Wasser mit Heilkraft versehen,
und wie das Wasser alles überflutet,
so auch die Seele. Wie Wasser die Erde durchtränkt,
so die Seele den Leib, und wie Wasser die Welt
läutert, so der Geist die Seele.
Wasser ist eine göttliche Kraft, die alles heiligt.

Das Wasser gibt den Bäumen Saft,
den Früchten Geschmack,
den Kräutern die Grünkraft.

Die Wasser der lebendig springenden Quellen sind
rein und bringen dem Menschen Nutzen für Speise
und Trank. Quellwasser ist bekömmlicher als
Flußwasser, denn es wird während seines langen
Laufes von Unrat gereinigt und gesäubert.
Sumpfwasser aber ist für den Menschen schädlich
und eignet sich nicht zum Trinken.

Ich aber bin jener Lufthauch,
der alles Grüne nährt
und die Blüten sprießen läßt
mit ihren reifen Früchten.
Mit jedwedem Hauch des Heiligen Geistes
werde ich belehrt,
so daß ich die lautersten Bäche ergießen kann.
Mit dem Seufzen zum Guten rufe ich Tränen hervor
und den Wohlgeruch heiliger Werke.
Auch bin ich jener Regen,
der aus dem Tau herweht,
durch den alle Kräuter mich anlachen
zu fröhlichem Leben.

Wie Gott Leben und Feuer ist, so ist auch der
Mensch, vom Lichtgeheimnis Gottes stammend,
selber lebendiges Licht und Feuer. Er ist gleichsam
das Licht der übrigen Schöpfung, die mit ihm auf
Erden ist. Wie sollte es auch sein, daß der Mensch
finster bleibe, da er doch vom Licht durchstrahlt ist,
und wie sollte er nicht bewegt sein, wo er doch aus
dem Feuer lebendig ist.

Die Seele ist wie Feuer, der Leib wie Wasser,
und beide haben zusammen ihren Bestand.
So ist der Mensch Gottes Werk und Wirklichkeit.

Jede Kreatur wäre trostlos und würde zerfallen,
wenn sie nicht im Fundament
vom Geist des feurigen Lebens
durchdrungen und erfüllt wäre.

Die Luft ist ein Hauch, der im Tau den Keimen die
Feuchtigkeit eingießt, so daß alles ergrünen kann.
Die Luft macht die Bäume und Kräuter grünen und
wachsen und durch ihre Wärme führt sie alles
zur vollen Reife.
Wie die Luft ist auch die Seele des Menschen, die
ihm eingehaucht ist, ihn belebt und vernünftig
macht.

Die Luft, die zwischen den Gebirgen weht,
ist gesünder und bekömmlicher als jede andere.

Tue wie der weiseste Lehrer,
der die Wasser sprossen ließ.
Sei Sonne durch deine Lehre,
sei Mond durch deine Anpassungsfähigkeit,
sei Wind durch deine straffe Führung,
sei Luft durch die schöne Rede deiner Unterweisung.
All das beginne im schimmernden Frührot
und vollende es im funkelnden Licht.

Jedes Gebilde irdischer Natur geht aus der Erde
hervor. Die Erde ist die Mutter der verschiedensten
Arten und Geschöpfe. Sie ist die Mutter aller, weil
alles Lebendige sich aus ihr erhebt, und auch der
Mensch wurde aus ihr geschaffen.

Die Erde ist der lebendige Aufenthalt und das Haus
der Seele; die Seele müßte ja vergehen, wenn dieses
ihr Haus zerstört würde. Gott hat das Irdische so
geschaffen, daß es mit der Seele Leben habe und die
Seele mit ihm im Leibe sei: ist doch der Leib Erde!

Gott schuf den Grundstoff
aller himmlischen und irdischen Geschöpfe:
den Himmel,
das ist der lichte Stoff,
und die Erde,
das ist die verworrene Masse.
Und diese beiden Grundstoffe
sind zugleich erschaffen worden
und erschienen in einem einzigen Kreise:
im Machtkreis Gottes im Himmel und auf Erden.

45

Gott hat die Erde so gesetzt, daß sie zu gegebener
Zeit das Wachstum bewirkt und zu entsprechender
Zeit es abnehmen läßt. Sie birgt in sich die Grünkraft
und die Dörrkraft. Sie läßt die Pflanzen
hervorsprießen und hält die Tiere am Leben und
trägt so den ganzen Bestand. Die Erde ist im
Sommer kühl und im Winter warm. Mit ihrer
Wärme bewahrt sie die Keime und kräftigt sie zum
Ergrünen, mit ihrer Kälte bringt sie das Leben zum
Verdorren. So genießt auch der Mensch mit allen
übrigen Kreaturen die Freude am Leben. Gleich
ihnen grünt und welkt er.

Alle Formen irdischer Geschöpflichkeit sind aus der
Erde gestaltet. Denn die Erde ist der Grundstoff
des Werkes Gottes.

»Gaudia – Fröhlichkeit«

O Schutzwehr des Lebens,
du Hoffnung der Glieder auf Einheit,
du Gürtel der Würde, die Heiligen heile!
Beschirm, die der Feind hat gefangen,
mach frei, die da liegen in Fesseln,
die göttliche Kraft will sie retten.
Du mächtiger Weg, der alles durchzieht
in Höhen, auf Erden, in Abgründen all,
du fügest und schließest ja alle in eins.
Durch dich
wogen die Wolken und fliegen die Lüfte,
träufeln die Steine,
bringen die Quellen die Bäche hervor,
läßt sprossen die Erde die Grünheit.
Du bringst auch immer Menschen
voll Einsicht hervor,
beglückt durch den Odem der Weisheit.
Und darum sei Lob dir,
du Klang allen Lobes und Freude des Lebens,
du Hoffnung und machtvolle Ehre,
da du die Gaben des Lichtes verleihst.

Die Gezeiten des Mondes

Wie sich manchmal Regenfluten und Stürme erheben und dann wieder Stille herrscht, und wie der Most einmal durch Gärung aufschäumt und dann wieder absinkt, so stehen mitunter auch die schlechten Säfte im Organismus des Menschen auf und gehen dann wieder zurück, denn würden sie sich dauernd auf der Höhe befinden, müßte der Mensch zugrunde gehen. Auch das Blut nimmt in jedem Menschen zu und wieder ab, je nach der Zu- und Abnahme des Mondes. Denn wenn der Mond zu seiner vollen Reife wächst, vermehrt sich auch das Blut des Menschen; und wenn er wieder abnimmt, dann vermindert es sich.

Auch bei den Bäumen, die von der Wurzel her grünen, nimmt bei steigendem Mond der Saft zu und bei fallendem ab. Daher sollen sie nur bei abnehmendem Mond geschlagen werden, weil das Holz dann trockener ist. Das Pflanzen und Beschneiden der Bäume soll ebenfalls bei abnehmendem Mond vorgenommen werden, dann fassen sie wegen des verminderten Saftstromes schneller Wurzel und halten sich besser. Geschieht dies nämlich bei steigendem Mond, dann kümmern sie wegen des aufwärts strebenden, überschüssigen

»Saluia – Salbei«

Saftes dahin und kommen nicht recht vorwärts.

Auch die Reben des Weinstockes sollen bei abnehmendem Mond beschnitten werden, denn dann bleibt seine Kraft im Inneren zurück und er gelangt zu größerer Fruchtfülle. Auch verwachsen die Schnittstellen rascher. Erfolgt hingegen die Beschneidung des Weinstockes bei zunehmendem Mond, fließen jedoch, je voller er geworden ist, um so mehr Saft und Tränen aus ihm, und er vertrocknet.

Edle und bekömmliche Kräuter eignen sich, wenn sie bei wachsendem Mond von der Erde abgeschnitten oder vollsaftig mit der Wurzel ausgezogen werden, besser zur Bereitung von Salben und Heilmitteln, als wenn man sie bei abnehmendem Mond sammelt. Auch Gemüse und Früchte, bei zunehmendem Mond geerntet, behalten mehr Nährwert, weil sie dann voll Saft und Blut sind. Ebenso liefert das bei wachsendem Mond geschnittene Korn mehr Mehl, denn es hat volle Kraft. Was davon als Saat in die Erde gestreut wird, keimt schneller und geht rascher auf. Das gilt überhaupt für jede Art von Samen. Was aber bei abnehmendem Mond ausgesät wird, keimt und wächst zwar langsamer, bringt dafür aber reicheren Ertrag.

Wachen und Schlafen

Der Mensch wird durch den Schlaf erquickt, wie er auch durch die Nahrung neu gestärkt wird. Wenn der Mensch schläft, sammelt sich seine Kraft, wie die Wurzeln der Kräuter im Winter ihre Grünkraft bei sich behalten, um sie im Sommer zur Blüte auszusenden. Im Schlaf liegt der Mensch wie unempfindlich und bewußtlos da, seines Körpers nicht mehr mächtig. Lediglich die Seele läßt ihren Lebenshauch einziehen und ausströmen. Sie ist es, die den Menschen im Schlafen wie im Wachen zusammenhält und die in ihm, ob er schläft oder wacht, lebendig bleibt.

Während der Körper ausruht, läßt die Seele ihr Wissen, gleichsam wie ihre Augen, in den Träumen spielen, und hält ringsum Ausschau. Da sie von Gott stammt, vermag sie mitunter wahre und zukünftige Dinge zu sehen.

Wie die Sonne das Licht des Tages ist, so ist die Seele
das Licht des wachen Leibes, und wie der Mond das
Licht der Nacht, so ist auch die Seele das Licht des
schlafenden Leibes. Solange der Körper des
Schlafenden sich in Ausgewogenheit befindet, hat
auch die Seele Klarheit. Sind jedoch seine Säfte in
Aufruhr und dringen Gemütserregungen bis in den
Schlaf, wird das Wissen der Seele verdunkelt, so wie
auch der Mond in stürmischer Wolkennacht
verdeckt ist.
Die Seele steht in enger Verbindung mit dem Körper
und achtet auf ihn wie ein Töpfer auf sein Gefäß.

Die Gnade Gottes spricht:
Das Licht der Seele
gebe ich denen,
die mein Wort fassen
und bewahre sie
in dieser Segnung,
damit sie nicht
zum Bösen zurückkehren.

Wenn ein Mensch viel und übermäßig lange schläft,
schadet das seinem Wohlbefinden. Wer jedoch mit
Maß schläft, der wird gesund bleiben. Wer aber
lange und übermäßig wach bleibt, der wird
geschwächt, verliert seine Kräfte und wird
ausgelaugt. Wer jedoch mit Maß wacht und schläft,
der wird die Gesundheit seines Leibes erhalten.

Wird ein Mensch von schwerer Krankheit geplagt, in
der sein Blut und seine Säfte Sturm und Aufruhr
erzeugen, kommt er nicht zur Ruhe und bleibt gegen
seinen Willen schlaflos. Erst wenn das rechte Maß
wieder erreicht ist, kann er auch wieder schlafen.

Im Wachen wie im Schlafen ist der Mensch
veränderlich. Gegen Abend wird des Tages Frohmut
in Überdruß verwandelt, und nicht mehr erfreut sich
dann der Mensch am Licht des Tages, sondern sehnt
sich nach Ruhe. Im Schlaf erwächst ihm neue Kraft,
bis er wieder zum Wirken erwacht. So hat die Natur
des Menschen einen doppelten Charakter.

Essen und Trinken

Der Mensch ist der guten Erde gleich, die in ihrer
Grünkraft schöne und liebliche Kräuter
hervorbringt. Deshalb sieh zu, daß sie nicht
unfruchtbar wird. Wenn der Mensch sich mit
Maßen nährt, dann ist auch sein Wesen fröhlich und
umgänglich. Wer aber im Übermaß der
Schmausereien dahinlebt, der legt in sich den Keim
zu jedem Fehler. Wer sich andererseits durch
unvernünftige Enthaltsamkeit schädigt, dessen
Gemüt ist verdüstert. Die Speisen sollen zur
Erquickung in rechtem Maß verteilt werden, damit
es der Seele nicht an Freude ermangle.
So sei in allen diesen Dingen Du die gute Erde!

Das Maß ist für Himmlisches und Irdisches
die Mutter aller Tugenden.
Denn durch sie
wird die Seele geleitet
und ebenso der Leib
in rechter Zucht ernährt.
Mensch, lerne Maß halten.

»Nux indie – Indische Nuß« (Muskatnuß)

Wer immer nur an Essen und Trinken denkt, der pflegt zu sagen: »Warum hätte Gott denn alle diese Köstlichkeiten geschaffen, wenn wir sie nicht genießen dürfen? Warum sollten wir uns nicht dessen bedienen, was uns ergötzt?« Das will besagen: ihr Bauch ist ihr Gott, weil sie nämlich ihr ganzes Sinnen und Trachten, ihr Sehnen und Wollen nur auf ein üppiges Mahl richten und sich der Schlemmerei hingeben.

Diese Törichten meinen wohl, es werde ihnen schon bekommen, wenn sie Speise und Trank im Unmaß in sich hineinschlagen. Doch sie täuschen sich, denn alles Übel kommt aus einem zu vollen Bauche. Gott weiß sehr gut, daß der Mensch der Nahrung nicht entbehren kann, doch gebot er, in Speise und Trank Maß zu halten. Deshalb werden sie letztlich auch keine Freude ernten. Daher soll der Mensch, der Gott dienen und seine Gesundheit erhalten will, die Gefräßigkeit fliehen und sich in Essen und Trinken im Zaume halten.

Wie es für den Magen nicht gut wäre, wenn er immerfort voll oder leer wäre, so wäre es für die Seele nicht gut, wenn der Körper immer nur nach den geilen Gelüsten des Fleisches leben würde.

Wenn der Mensch ißt, dann leistet er dabei eine Arbeit wie eine Mühle beim Mahlen. Dabei soll er mäßig trinken und dann wieder essen. Nach der Mahlzeit soll er nicht sogleich schlafen, weil sonst die Nährstoffe nicht richtig an die Organe weitergeleitet werden. Wenn sich aber der Mensch eine Weile enthalten hat und sich dann für eine gewisse Zeit schlafen legt, dann gedeihen Blut und Fleisch und machen ihn gesund.

Die ganze Natur steht dem Menschen zu Diensten und legt ihm freudig seine Güter aus.
Ich aber bin in aller grünenden Frische ein liebliches Heilkraut.
Übervoll ist mein Herz, jedem Liebe zu schenken.

Der Mensch soll zeitig zur Nacht essen,
daß er noch einen Spaziergang machen kann,
ehe er sich zur Ruhe begibt.

Wenn die Säfte im Inneren des Menschen
ausgewogen sind und die rechte Ordnung einhalten,
dann genießt er die Ruhe und Gesundheit seines
Leibes.
Wenn aber die Säfte in Aufruhr geraten, miteinander
in Widerspruch kommen und sich nicht in
angemessener Weise durch alle Organe ergießen, so
daß sie das richtige Verhältnis zueinander verlieren,
dann fällt der Mensch in Krankheit.

Wie die Speisen durch den Geschmack der Gewürze
in besser schmeckende verwandelt werden und so
ihren gewöhnlichen Geschmack verlieren, wird
auch des Menschen gemeine Natur durch das Feuer
des göttlichen Geistes in eine bessere, als sie ihm
ursprünglich eigen war, umgewandelt. So wird der
Mensch in seinem Wesen ein anderer. Alles, was
göttlich ist, überwindet und besiegt das Irdische.

Der Mensch ist wie das Erdreich. Wenn es zu viel an Feuchtigkeit erhält, würde es darunter leiden. Wenn es zu geringe Feuchtigkeit bekommt, gibt es keinen Ertrag. Hat es aber angemessene Feuchtigkeit, dann ist es gut. So auch beim Menschen.

Zu allen Zeiten, ob Sommer oder Winter, hüte sich der Mensch vor übermäßigem Trinken, wie auch zuviel Regen der Erde schadet. So schadet der Mensch, der über das Maß trinkt, seinem Körper.

Edler und kräftiger Wein erregt beim Trinken die Gefäße und das Blut und zieht die Säfte und alle Feuchtigkeit im Organismus an. Wie ein heftiger, austrocknender Wind die Wirkung des Taues vermindert, so daß die Pflanzen in der Sonnenhitze nicht mehr die nötige Befeuchtung erhalten, so erhitzt auch der starke Wein den Körper. Deshalb soll man edlen Wein mit Wasser mischen, um seine Wirkung zu mildern, und er so dem Menschen als Trunk bekömmlich ist.

Alle Wasser, die zum Trinken geeignet sind, können auch zum Baden verwendet werden. Doch ist es nicht gut für den Menschen, wenn er allzu häufig ein Wasserbad nimmt. Wer aber zur Sommerzeit im strömenden Flußwasser ein Bad nimmt, kann dies ohne Schaden tun, weil es durch die Glut der Sonne erwärmt ist und gleichzeitig erfrischt. Es gibt aber in manchen Gegenden auch heiße Quellen, die Genesung bringen, wenn man darin badet, weil ihre Hitze die schlechten Säfte im Menschen aufzehrt.

Ich bin hervorgegangen
aus dem springenden Urquell,
und keine irdische Bedingung
kann mich in Schrecken versetzen.

Heilkräfte der Natur

In allen Kreaturen, den Tieren, den Reptilien,
Vögeln und Fischen, den Kräutern und den Bäumen
liegen Geheimnisse Gottes verborgen, die weder ein
Mensch noch ein anderes Geschöpf weiß oder
erkennt, wenn es ihnen nicht von Gott offenbart
wird.

Jede Pflanze ist entweder kalt oder warm und
wächst so, weil die Wärme der Pflanzen die Seele,
die Kälte den Körper bedeutet, und dann entwickeln
sie sich nach ihrer Art, indem sie mehr Wärme oder
mehr Kälte haben. Die warmen leisten der Kälte und
die kalten der Wärme des Menschen Widerstand.
Einige Pflanzen haben die Kraft der stärksten und die
Strenge der bittersten Gewürze in sich. Deshalb
beseitigen sie auch die meisten Übel.

»Petrosillum – Petersilie«

Der Lavendel ist warm und trocken, weil er wenig
Saft hat. Er ist sehr wohlriechend und vertreibt das
Ungeziefer.

Die Gewürznelke ist sehr warm und hat auch
Feuchtigkeit in sich, wodurch sie sich lieblich
ausbreitet. Sie erweist sich wohltätig gegen
Kopfweh und Wassersucht.

Die Hirschzunge ist warm und heilkräftig bei Leber-
und Lungenleiden. Man koche sie tüchtig in Wein,
vermische den Trank mit Honig und nehme ihn nach
der Mahlzeit oder nüchtern ein.

Der Enzian ist warm und ist, mit Wein gekocht,
ein vorzügliches Mittel gegen Magenleiden.

»Aneti – Dillkraut«

Der Knoblauch hat die richtige Wärme und wächst von der ersten Nachtzeit an bis es zu tagen beginnt. Er sollte roh gegessen werden, weil er durch das Kochen kraftlos wird, und ist Gesunden und Kranken zuträglich.

Der Wermut ist sehr warm und äußerst heilkräftig. Er hat eine hervorragende Wirkung bei allen Schwächezuständen. Sein Trank stärkt das Herz, die Lunge, wärmt den Magen und reinigt die Eingeweide.

Die Ringelblume ist kalt und feucht und hat große Kräfte, auch gegen Gift. Gegen Kopfgrind soll aus dem Saft der Blätter und Blüten eine Salbe bereitet und auf die Haut aufgelegt und dann wieder abgewaschen werden.

»Alea – Knoblauch«

Der Schierling ist warm und gefährlich.
Eingenommen, richtet er im menschlichen Körper
große Verwüstungen an, doch ein Umschlag aus
seinem Absud ist heilsam.

Der Ampfer nützt dem Menschen wenig und sein
Genuß würde zur Traurigkeit stimmen. Aber dem
Vieh ist er sehr zuträglich.

Der Farn ist warm und trocken und hat gewisse
Kräfte, die an die der Sonne erinnern, weil er wie die
Sonne das Dunkel erhellt. Wo er wächst, fallen Blitz
und Hagel selten ein. Die frischen Blätter, auf die
Augen gelegt, machen sie klar.

Der Fenchel hat eine angenehme Wärme und heitert
in jeglicher Zubereitung den Menschen auf, bringt
ihm eine feine Haut und guten Körpergeruch.

Der Quittenbaum ist ziemlich kalt. Holz und Blätter haben für den Menschen keinen Wert, aber die gekochten oder gebratenen Früchte sind sehr gesund und helfen gegen die Gicht.

Die Zypresse ist sehr warm und ein Sinnbild der Verborgenheit Gottes. Durch die Stärke seiner Natur ist dieser Baum vor anderen ausgezeichnet. Frisches Wasser, über ein Stück seines Holzes gegossen, zerstört in verwirrten Menschen alles Feindliche und führt sie zurück auf den rechten Weg.

Die Eibe ist mehr kalt und trocken und ein Sinnbild der Fröhlichkeit. Der Rauch von verbranntem Holz des Baumes hilft gegen Nasen- und Brustleiden, soweit sie von schlechten Säften herrühren.

Die Hagebutte ist mehr kalt und hat eine günstige
Beschaffenheit. Wer gesund ist und nur im Magen
schwach, der koche die Hagebutte und trinke davon,
denn sie reinigt den Magen.

Der Kirschbaum ist mehr warm als kalt und hat
etwas von der Art eines Scherzes, der Fröhlichkeit
schafft. Man soll jedoch die Früchte nur in kleinen
Mengen essen. Damit man von den Kirschen keine
Beschwerden bekommt, trinke man hernach einen
Schluck guten Weines.

Die Ulme hat eine ausgeglichene Natur. Wer die
Gicht hat, soll sich an einem Feuer aus Ulmenholz
wärmen, und die Schmerzen werden ihn sogleich
verlassen.

»Sinapi – Senf«

Die Föhre ist feucht und mehr warm als kalt. Sie ist ein Sinnbild der Wehmut. Ihr Saft ist besonders für Augensalben geeignet.

Der Wacholderbaum ist mehr kalt und ein Sinnbild des Überflusses. Gegen Brust-, Lungen- und Leberleiden hilft ein Trank aus Wacholderbeeren, Honig, Essig und Süßholz. Ein Bad, bereitet aus Wasser, in dem die grünen Zweige gekocht sind, mindert verschiedene schlimme Fieber.

Der Kastanienbaum ist sehr warm und enthält große Kraft, die dieser Wärme beigemischt ist. Sein Saft und seine Frucht sind nützlich gegen jede Schwäche. Ein Dampfbad aus seinen Blättern, seinen Früchten und der Rinde hilft gegen die Gicht.

Der Apfelbaum ist warm und sehr feucht. Für die
Zubereitung von Arzneien müssen die Blätter im
Frühjahr gebrochen werden, ehe der Baum Früchte
ansetzt. Die Frucht ist gut verdaulich, doch
kränkliche Menschen sollten sie nur gekocht oder
gebraten essen.

Die Kräuter bieten einander den Duft ihrer Blüten;
ein Stein strahlt seinen Glanz auf die anderen,
und jedwede Kreatur hat einen Trieb
nach liebender Umarmung.
Ich bin Luft und Tau
und in aller grünenden Frische
ein überaus liebliches Heilkraut.
Ich war schon zugegen,
als das „Es werde!" erscholl,
aus dem alle Welt hervorging.
Den Gebrochenen helfe ich auf
und führe sie zur Gesundung.
Eine Salbe bin ich für jeden Schmerz.

Die verschiedenen, oft edlen Kräuter, Pulver und
Gewürze aus Pflanzen werden einem gesunden
Menschen nichts nützen, wenn sie ohne feste
Anordnung zu sich genommen werden; viel eher
bringen sie ihm Schaden und lassen sein Blut
austrocknen und sein Gewebe abmagern, weil sie ja
nicht jene Säfte in ihm vorfinden, an denen sie ihre
Kräfte ausüben könnten. Wenn sie aber von
jemandem genommen werden, dann soll das mit
Umsicht und nur im angebrachten Falle geschehen.
Die Mittel sollen mit einer anderen Zutat und nur
ausnahmsweise nüchtern eingenommen werden. Im
anderen Falle machen sie den Magen schwach. Wie
der Staub der Erde, den der Mensch in sich einzieht,
schadet, so fügen auch sinnlos gebrauchte Mittel
dem Menschen mehr Schaden als Nutzen zu.
Deshalb sollen die Gewürze hauptsächlich mit oder
nach der Mahlzeit aufgenommen werden.

Leben und Tod

Der Kranke wird geheilt werden, oder aber Gott
will nicht, daß er geheilt werde.

Pflege das Leben, wo du es antriffst. Werde nicht
müde in der rechten Fürsorge für deine
Anvertrauten. So sieht ja auch der Gärtner darauf,
daß sein Garten Frucht bringt. Sei stark und gerüstet
auf jedem Gebiet. Fliehe den Tod und jage dem
Leben nach!

Solange dir die Möglichkeit geboten ist, arbeite.
Nimm den Pflug in die Hand und bebaue das Land.
Sieh zu, daß deine Erde nicht unfruchtbar bleibt und
die Grünkraft der Kräuter aufsprießen kann. Gott
möge dich zu einem Tempel des Lebens machen.

»Liuistichum – Liebstöckel«

Wenn sich die Stimme des Menschen, die stets einen klaren Klang hatte, ins Rauhe verändert und heiser bleibt, weist das auf den Tod hin. Es ist so, wie wenn eine helle Trompete, die immer einen reinen Klang von sich gab, mißtönend wird, wenn sie aus irgendeinem Grunde beschädigt wurde.

Nur unter Seufzen und Klagen verläßt die Seele ihren Leib; sie wandert gleichsam aus und zerstört trauernd ihren Wohnsitz.

Gott allein weiß, wie lange unser Leben währt und wann er es wieder zu sich nehmen will. Er ist der Schöpfer allen Lebens und für jeden Menschen der Vater im Grün der Barmherzigkeit.

Alles durchdringst Du,
die Höhen,
die Tiefen
und jeglichen Abgrund,
Du baust und bindest alles.

Durch Dich träufeln die Wolken,
regt ihre Schwingen die Luft.
Durch Dich bricht Wasser das harte Gestein,
rinnen die Bächlein
und quillt aus der Erde das frische Grün.

Du auch führest den Geist,
der Deine Lehre trinkt,
ins Weite.
Wehest Weisheit in ihn
und mit der Weisheit die Freude.

Literatur

Hildegard von Bingen: *Wisse die Wege* (Scivias). Ins Deutsche
übertragen und bearbeitet von Maria Böckeler, Salzburg 1954.

Hildegard von Bingen: *Welt und Mensch* (Operatione Dei). Übersetzt
und erläutert von Heinrich Schipperges, Salzburg 1965.

Hildegard von Bingen: *Heilkunde.* Übersetzt und erläutert von
Heinrich Schipperges, Salzburg 1957.

Hildegard von Bingen: *Der Mensch in der Verantwortung* (Liber vitae
meritorum). Übersetzt und erläutert von Heinrich Schipperges,
Salzburg 1972.

Hildegard von Bingen: *Naturkunde.* Übersetzt und erläutert von
Peter Riethe, Salzburg 1959.

Quellennachweis

Abkürzungen:

HK   Heilkunde

MV   Der Mensch in der Verantwortung

NK   Naturkunde

WM Welt und Mensch

WW Wisse die Wege

Bildnachweis

Alle Bilder im Innenteil sind entnommen dem sog. Hausbuch der
Cerruti, Italienische Buchmalerei, Verona oder Lombardei,
Ende 14. Jahrhundert. Illustrationen zu: »Tacunium sanitatis in
medicina« (Lateinische Fassung einer arabischen Gesund-
heitslehre).
Wien, österreichische Nationalbibliothek.
Fotos: Archiv für Kunst und Geschichte, Berlin

Hildegard von Bingen

Hildegard von Bingen lebte von 1098 bis 1179. 1150 gründete sie das Kloster Rupertsberg bei Bingen. Als eine der bedeutendsten Mystikerinnen des Mittelalters verfaßte sie etliche Schriften und siebzig selbstvertonte geistliche Lieder. In neuester Zeit wurden ihre naturheilkundlichen Schriften von einem breiteren Publikum wiederentdeckt.

Die Herausgeberin

Lieselotte von Eltz-Hoffmann wurde 1921 geboren.
Sie studierte Geschichte, Germanistik,
Kunstgeschichte, Zeitungswissenschaften und
Theologie. Ab 1948 war sie Leiterin der
Büchereistelle Salzburg. Sie veröffentlichte
zahlreiche Bücher, darunter im Quell Verlag die
Taschenbuchreihe »Kirchenfrauen« und den
Bild-Text-Band »Hildegard von Bingen« in der Reihe
»Lebensworte«.

Bedeutende Frauen in der Kirchengeschichte

neu entdeckt von Lieselotte von Eltz-Hoffmann

Frauen der frühen Kirche

mit Lebensbildern von Lydia, Prisca, Phoebe, Perpetua, Monica, Ätheria, Makrina, Eudokia, Fabiola, Theodora.

Kirchenfrauen im Mittelalter

mit Lebensbildern von Hildegard von Bingen, Elisabeth von Thüringen, Hrotsvith von Gandersheim, Theophanu, Maria von Oignies, Katharina von Siena, Hedwig von Schlesien.

Kirchenfrauen der frühen Neuzeit

mit Lebensbildern von Margarete von Navarra, Katharina Zell, Elisabeth Stuart, Theresa von Avila Katharina Regina von Greiffenberg, Maria Ward.

Quell